Libro de de costura

Información

NOMBRE

DIRECCIÓN

DIRECCIÓN DE CORREO ELECTRÓNICO

PÁGINA WEB

TELÉFONO　　　　　　　　　　**FAX**

PERSONA DE CONTACTO EN CASO DE EMERGENCIA

TELÉFONO　　　　　　　　　　**FAX**

Rastreador de costura para llevar un registro de los proyectos de costura - regalo perfecto para los amantes de la costura

Libro de proyectos de costura

DETALLES

PROYECTO ....
CREADO PARA ....
FECHA DE INICIO .... **FECHA DE FINALIZACIÓN** ....
PUNTO .... **CANTIDAD** ....
PRECIO .... **DEPÓSITO PAGADO** .... **SALDO PAGADO** ....
MODELO UTILIZADO ....
MATERIAL NECESARIO ....

ESQUEMA / FOTO

NOTAS ADICAIONALES

....
....
....
....
....
....
....
....

Rastreador de costura para llevar un registro de los proyectos de costura - regalo perfecto para los amantes de la costura

Rastreador de costura para llevar un registro de los proyectos de costura - regalo perfecto para los amantes de la costura

DETALLES

PROYECTO ....
CREADO PARA ....
FECHA DE INICIO .... **FECHA DE FINALIZACIÓN** ....
PUNTO .... **CANTIDAD** ....
PRECIO .... **DEPÓSITO PAGADO** .... **SALDO PAGADO** ....
MODELO UTILIZADO ....
MATERIAL NECESARIO ....

ESQUEMA / FOTO

NOTAS ADICAIONALES

....
....
....
....
....
....
....

Libro de proyectos de costura

Libro de proyectos de costura

DETALLES

PROYECTO ....
CREADO PARA ....
FECHA DE INICIO .... **FECHA DE FINALIZACIÓN** ....
PUNTO .... **CANTIDAD** ....
PRECIO .... **DEPÓSITO PAGADO** .... **SALDO PAGADO** ....
MODELO UTILIZADO ....
MATERIAL NECESARIO ....

ESQUEMA / FOTO

NOTAS ADICAIONALES

....
....
....
....
....
....
....

Rastreador de costura para llevar un registro de los proyectos de costura - regalo perfecto para los amantes de la costura

Rastreador de costura para llevar un registro de los proyectos de costura - regalo perfecto para los amantes de la costura

DETALLES

PROYECTO ....
CREADO PARA ....
FECHA DE INICIO .... **FECHA DE FINALIZACIÓN** ....
PUNTO .... **CANTIDAD** ....
PRECIO .... **DEPÓSITO PAGADO** .... **SALDO PAGADO** ....
MODELO UTILIZADO ....
MATERIAL NECESARIO ....

ESQUEMA / FOTO

NOTAS ADICAIONALES

....
....
....
....
....
....
....
....

Libro de proyectos de costura

Libro de proyectos de costura

DETALLES

PROYECTO ....
CREADO PARA ....
FECHA DE INICIO .... **FECHA DE FINALIZACIÓN** ....
PUNTO .... **CANTIDAD** ....
PRECIO .... **DEPÓSITO PAGADO** .... **SALDO PAGADO** ....
MODELO UTILIZADO ....
MATERIAL NECESARIO ....

ESQUEMA / FOTO

NOTAS ADICAIONALES

....
....
....
....
....
....
....

Rastreador de costura para llevar un registro de los proyectos de costura - regalo perfecto para los amantes de la costura

Rastreador de costura para llevar un registro de los proyectos de costura - regalo perfecto para los amantes de la costura

DETALLES

PROYECTO ....
CREADO PARA ....
FECHA DE INICIO .... **FECHA DE FINALIZACIÓN** ....
PUNTO .... **CANTIDAD** ....
PRECIO .... **DEPÓSITO PAGADO** .... **SALDO PAGADO** ....
MODELO UTILIZADO ....
MATERIAL NECESARIO ....

ESQUEMA / FOTO

NOTAS ADICAIONALES

....
....
....
....
....
....
....
....

Libro de proyectos de costura

Libro de proyectos de costura

DETALLES

PROYECTO ....

CREADO PARA ....

FECHA DE INICIO .... **FECHA DE FINALIZACIÓN** ....

PUNTO .... **CANTIDAD** ....

PRECIO .... **DEPÓSITO PAGADO** .... **SALDO PAGADO** ....

MODELO UTILIZADO ....

MATERIAL NECESARIO ....

ESQUEMA / FOTO

NOTAS ADICAIONALES

....
....
....
....
....
....
....

Rastreador de costura para llevar un registro de los proyectos de costura - regalo perfecto para los amantes de la costura

Rastreador de costura para llevar un registro de los proyectos de costura - regalo perfecto para los amantes de la costura

DETALLES

PROYECTO ....
CREADO PARA ....
FECHA DE INICIO .... **FECHA DE FINALIZACIÓN** ....
PUNTO .... **CANTIDAD** ....
PRECIO .... **DEPÓSITO PAGADO** .... **SALDO PAGADO** ....
MODELO UTILIZADO ....
MATERIAL NECESARIO ....

ESQUEMA / FOTO

NOTAS ADICAIONALES

....
....
....
....
....
....
....

Libro de proyectos de costura

Libro de proyectos de costura

DETALLES

PROYECTO ....
CREADO PARA ....
FECHA DE INICIO .... **FECHA DE FINALIZACIÓN** ....
PUNTO .... **CANTIDAD** ....
PRECIO .... **DEPÓSITO PAGADO** .... **SALDO PAGADO** ....
MODELO UTILIZADO ....
MATERIAL NECESARIO ....

ESQUEMA / FOTO

NOTAS ADICAIONALES

....
....
....
....
....
....
....

Rastreador de costura para llevar un registro de los proyectos de costura - regalo perfecto para los amantes de la costura

Rastreador de costura para llevar un registro de los proyectos de costura - regalo perfecto para los amantes de la costura

DETALLES

PROYECTO ....
CREADO PARA ....
FECHA DE INICIO .... **FECHA DE FINALIZACIÓN** ....
PUNTO .... **CANTIDAD** ....
PRECIO .... **DEPÓSITO PAGADO** .... **SALDO PAGADO** ....
MODELO UTILIZADO ....
MATERIAL NECESARIO ....

ESQUEMA / FOTO

NOTAS ADICAIONALES

....
....
....
....
....
....
....
....

Libro de proyectos de costura

Libro de proyectos de costura

DETALLES

PROYECTO ....
CREADO PARA ....
FECHA DE INICIO .... **FECHA DE FINALIZACIÓN** ....
PUNTO .... **CANTIDAD** ....
PRECIO .... **DEPÓSITO PAGADO** .... **SALDO PAGADO** ....
MODELO UTILIZADO ....
MATERIAL NECESARIO ....

ESQUEMA / FOTO

NOTAS ADICAIONALES

....
....
....
....
....
....
....

Rastreador de costura para llevar un registro de los proyectos de costura - regalo perfecto para los amantes de la costura

Rastreador de costura para llevar un registro de los proyectos de costura - regalo perfecto para los amantes de la costura

DETALLES

PROYECTO ....
CREADO PARA ....
FECHA DE INICIO .... **FECHA DE FINALIZACIÓN** ....
PUNTO .... **CANTIDAD** ....
PRECIO .... **DEPÓSITO PAGADO** .... **SALDO PAGADO** ....
MODELO UTILIZADO ....
MATERIAL NECESARIO ....

ESQUEMA / FOTO

NOTAS ADICAIONALES

....
....
....
....
....
....
....
....

Libro de proyectos de costura

Libro de proyectos de costura

DETALLES

PROYECTO ....
CREADO PARA ....
FECHA DE INICIO .... **FECHA DE FINALIZACIÓN** ....
PUNTO .... **CANTIDAD** ....
PRECIO .... **DEPÓSITO PAGADO** .... **SALDO PAGADO** ....
MODELO UTILIZADO ....
MATERIAL NECESARIO ....

ESQUEMA / FOTO

NOTAS ADICAIONALES

....
....
....
....
....
....
....

Rastreador de costura para llevar un registro de los proyectos de costura - regalo perfecto para los amantes de la costura

Rastreador de costura para llevar un registro de los proyectos de costura - regalo perfecto para los amantes de la costura

DETALLES

PROYECTO ....

CREADO PARA ....

FECHA DE INICIO .... **FECHA DE FINALIZACIÓN** ....

PUNTO .... **CANTIDAD** ....

PRECIO .... **DEPÓSITO PAGADO** .... **SALDO PAGADO** ....

MODELO UTILIZADO ....

MATERIAL NECESARIO ....

ESQUEMA / FOTO

NOTAS ADICAIONALES

....
....
....
....
....
....
....

Libro de proyectos de costura

Libro de proyectos de costura

DETALLES

PROYECTO ....
CREADO PARA ....
FECHA DE INICIO .... **FECHA DE FINALIZACIÓN** ....
PUNTO .... **CANTIDAD** ....
PRECIO .... **DEPÓSITO PAGADO** .... **SALDO PAGADO** ....
MODELO UTILIZADO ....
MATERIAL NECESARIO ....

ESQUEMA / FOTO

NOTAS ADICAIONALES

....
....
....
....
....
....
....

Rastreador de costura para llevar un registro de los proyectos de costura - regalo perfecto para los amantes de la costura

Rastreador de costura para llevar un registro de los proyectos de costura - regalo perfecto para los amantes de la costura

DETALLES

PROYECTO ....
CREADO PARA ....
FECHA DE INICIO .... **FECHA DE FINALIZACIÓN** ....
PUNTO .... **CANTIDAD** ....
PRECIO .... **DEPÓSITO PAGADO** .... **SALDO PAGADO** ....
MODELO UTILIZADO ....
MATERIAL NECESARIO ....

ESQUEMA / FOTO

NOTAS ADICAIONALES

....
....
....
....
....
....
....
....

Libro de proyectos de costura

Libro de proyectos de costura

DETALLES

PROYECTO ....
CREADO PARA ....
FECHA DE INICIO .... **FECHA DE FINALIZACIÓN** ....
PUNTO .... **CANTIDAD** ....
PRECIO .... **DEPÓSITO PAGADO** .... **SALDO PAGADO** ....
MODELO UTILIZADO ....
MATERIAL NECESARIO ....

ESQUEMA / FOTO

NOTAS ADICAIONALES

....
....
....
....
....
....
....

Rastreador de costura para llevar un registro de los proyectos de costura - regalo perfecto para los amantes de la costura

Rastreador de costura para llevar un registro de los proyectos de costura - regalo perfecto para los amantes de la costura

DETALLES

PROYECTO ....

CREADO PARA ....

FECHA DE INICIO .... **FECHA DE FINALIZACIÓN** ....

PUNTO .... **CANTIDAD** ....

PRECIO .... **DEPÓSITO PAGADO** .... **SALDO PAGADO** ....

MODELO UTILIZADO ....

MATERIAL NECESARIO ....

ESQUEMA / FOTO

NOTAS ADICAIONALES

....
....
....
....
....
....
....

Libro de proyectos de costura

Libro de proyectos de costura

DETALLES

PROYECTO ....
CREADO PARA ....
FECHA DE INICIO .... **FECHA DE FINALIZACIÓN** ....
PUNTO .... **CANTIDAD** ....
PRECIO .... **DEPÓSITO PAGADO** .... **SALDO PAGADO** ....
MODELO UTILIZADO ....
MATERIAL NECESARIO ....

ESQUEMA / FOTO

NOTAS ADICAIONALES

....
....
....
....
....
....
....

Rastreador de costura para llevar un registro de los proyectos de costura - regalo perfecto para los amantes de la costura

Rastreador de costura para llevar un registro de los proyectos de costura - regalo perfecto para los amantes de la costura

DETALLES

PROYECTO ....

CREADO PARA ....

FECHA DE INICIO .... **FECHA DE FINALIZACIÓN** ....

PUNTO .... **CANTIDAD** ....

PRECIO .... **DEPÓSITO PAGADO** .... **SALDO PAGADO** ....

MODELO UTILIZADO ....

MATERIAL NECESARIO ....

ESQUEMA / FOTO

NOTAS ADICAIONALES

....
....
....
....
....
....
....
....

Libro de proyectos de costura

Libro de proyectos de costura

DETALLES

PROYECTO ....
CREADO PARA ....
FECHA DE INICIO .... **FECHA DE FINALIZACIÓN** ....
PUNTO .... **CANTIDAD** ....
PRECIO .... **DEPÓSITO PAGADO** .... **SALDO PAGADO** ....
MODELO UTILIZADO ....
MATERIAL NECESARIO ....

ESQUEMA / FOTO

NOTAS ADICAIONALES

....
....
....
....
....
....
....

Rastreador de costura para llevar un registro de los proyectos de costura - regalo perfecto para los amantes de la costura

Rastreador de costura para llevar un registro de los proyectos de costura - regalo perfecto para los amantes de la costura

DETALLES

PROYECTO ....
CREADO PARA ....
FECHA DE INICIO .... **FECHA DE FINALIZACIÓN** ....
PUNTO .... **CANTIDAD** ....
PRECIO .... **DEPÓSITO PAGADO** .... **SALDO PAGADO** ....
MODELO UTILIZADO ....
MATERIAL NECESARIO ....

ESQUEMA / FOTO

NOTAS ADICAIONALES

....
....
....
....
....
....
....
....

Libro de proyectos de costura

Libro de proyectos de costura

DETALLES

PROYECTO ....
CREADO PARA ....
FECHA DE INICIO .... **FECHA DE FINALIZACIÓN** ....
PUNTO .... **CANTIDAD** ....
PRECIO .... **DEPÓSITO PAGADO** .... **SALDO PAGADO** ....
MODELO UTILIZADO ....
MATERIAL NECESARIO ....

ESQUEMA / FOTO

NOTAS ADICAIONALES

....
....
....
....
....
....

Rastreador de costura para llevar un registro de los proyectos de costura - regalo perfecto para los amantes de la costura

Rastreador de costura para llevar un registro de los proyectos de costura - regalo perfecto para los amantes de la costura

DETALLES

PROYECTO ....
CREADO PARA ....
FECHA DE INICIO .... **FECHA DE FINALIZACIÓN** ....
PUNTO .... **CANTIDAD** ....
PRECIO .... **DEPÓSITO PAGADO** .... **SALDO PAGADO** ....
MODELO UTILIZADO ....
MATERIAL NECESARIO ....

ESQUEMA / FOTO

NOTAS ADICAIONALES

....
....
....
....
....
....
....
....

Libro de proyectos de costura

Libro de proyectos de costura

DETALLES

PROYECTO ....
CREADO PARA ....
FECHA DE INICIO .... **FECHA DE FINALIZACIÓN** ....
PUNTO .... **CANTIDAD** ....
PRECIO .... **DEPÓSITO PAGADO** .... **SALDO PAGADO** ....
MODELO UTILIZADO ....
MATERIAL NECESARIO ....

ESQUEMA / FOTO

NOTAS ADICAIONALES

....
....
....
....
....
....
....

Rastreador de costura para llevar un registro de los proyectos de costura - regalo perfecto para los amantes de la costura

Rastreador de costura para llevar un registro de los proyectos de costura - regalo perfecto para los amantes de la costura

DETALLES

PROYECTO ....
CREADO PARA ....
FECHA DE INICIO .... **FECHA DE FINALIZACIÓN** ....
PUNTO .... **CANTIDAD** ....
PRECIO .... **DEPÓSITO PAGADO** .... **SALDO PAGADO** ....
MODELO UTILIZADO ....
MATERIAL NECESARIO ....

ESQUEMA / FOTO

NOTAS ADICAIONALES

....
....
....
....
....
....
....
....

Libro de proyectos de costura

Libro de proyectos de costura

DETALLES

PROYECTO ....

CREADO PARA ....

FECHA DE INICIO .... **FECHA DE FINALIZACIÓN** ....

PUNTO .... **CANTIDAD** ....

PRECIO .... **DEPÓSITO PAGADO** .... **SALDO PAGADO** ....

MODELO UTILIZADO ....

MATERIAL NECESARIO ....

ESQUEMA / FOTO

NOTAS ADICAIONALES

....
....
....
....
....
....
....

Rastreador de costura para llevar un registro de los proyectos de costura - regalo perfecto para los amantes de la costura

Rastreador de costura para llevar un registro de los proyectos de costura - regalo perfecto para los amantes de la costura

DETALLES

PROYECTO ....

CREADO PARA ....

FECHA DE INICIO .... **FECHA DE FINALIZACIÓN** ....

PUNTO .... **CANTIDAD** ....

PRECIO .... **DEPÓSITOPAGADO** .... **SALDO PAGADO** ....

MODELO UTILIZADO ....

MATERIAL NECESARIO ....

ESQUEMA / FOTO

NOTAS ADICAIONALES

....
....
....
....
....
....
....
....

Libro de proyectos de costura

Libro de proyectos de costura

DETALLES

PROYECTO ....
CREADO PARA ....
FECHA DE INICIO .... **FECHA DE FINALIZACIÓN** ....
PUNTO .... **CANTIDAD** ....
PRECIO .... **DEPÓSITO PAGADO** .... **SALDO PAGADO** ....
MODELO UTILIZADO ....
MATERIAL NECESARIO ....

ESQUEMA / FOTO

NOTAS ADICAIONALES

....
....
....
....
....
....

Rastreador de costura para llevar un registro de los proyectos de costura - regalo perfecto para los amantes de la costura

Rastreador de costura para llevar un registro de los proyectos de costura - regalo perfecto para los amantes de la costura

DETALLES

PROYECTO ....
CREADO PARA ....
FECHA DE INICIO .... **FECHA DE FINALIZACIÓN** ....
PUNTO .... **CANTIDAD** ....
PRECIO .... **DEPÓSITO PAGADO** .... **SALDO PAGADO** ....
MODELO UTILIZADO ....
MATERIAL NECESARIO ....

ESQUEMA / FOTO

NOTAS ADICAIONALES

....
....
....
....
....
....
....
....

Libro de proyectos de costura

Libro de proyectos de costura

DETALLES

PROYECTO ....
CREADO PARA ....
FECHA DE INICIO .... **FECHA DE FINALIZACIÓN** ....
PUNTO .... **CANTIDAD** ....
PRECIO .... **DEPÓSITO PAGADO** .... **SALDO PAGADO** ....
MODELO UTILIZADO ....
MATERIAL NECESARIO ....

ESQUEMA / FOTO

NOTAS ADICAIONALES

....
....
....
....
....
....
....

Rastreador de costura para llevar un registro de los proyectos de costura - regalo perfecto para los amantes de la costura

Rastreador de costura para llevar un registro de los proyectos de costura - regalo perfecto para los amantes de la costura

DETALLES

PROYECTO ....

CREADO PARA ....

FECHA DE INICIO .... **FECHA DE FINALIZACIÓN** ....

PUNTO .... **CANTIDAD** ....

PRECIO .... **DEPÓSITO PAGADO** .... **SALDO PAGADO** ....

MODELO UTILIZADO ....

MATERIAL NECESARIO ....

ESQUEMA / FOTO

NOTAS ADICAIONALES

....
....
....
....
....
....
....
....

Libro de proyectos de costura

Libro de proyectos de costura

DETALLES

PROYECTO ....
CREADO PARA ....
FECHA DE INICIO .... **FECHA DE FINALIZACIÓN** ....
PUNTO .... **CANTIDAD** ....
PRECIO .... **DEPÓSITO PAGADO** .... **SALDO PAGADO** ....
MODELO UTILIZADO ....
MATERIAL NECESARIO ....

ESQUEMA / FOTO

NOTAS ADICAIONALES

....
....
....
....
....
....
....

Rastreador de costura para llevar un registro de los proyectos de costura - regalo perfecto para los amantes de la costura

Rastreador de costura para llevar un registro de los proyectos de costura - regalo perfecto para los amantes de la costura

DETALLES

PROYECTO ....
CREADO PARA ....
FECHA DE INICIO .... **FECHA DE FINALIZACIÓN** ....
PUNTO .... **CANTIDAD** ....
PRECIO .... **DEPÓSITO PAGADO** .... **SALDO PAGADO** ....
MODELO UTILIZADO ....
MATERIAL NECESARIO ....

ESQUEMA / FOTO

NOTAS ADICAIONALES

....
....
....
....
....
....
....
....

Libro de proyectos de costura

Libro de proyectos de costura

DETALLES

PROYECTO ....
CREADO PARA ....
FECHA DE INICIO .... **FECHA DE FINALIZACIÓN** ....
PUNTO .... **CANTIDAD** ....
PRECIO .... **DEPÓSITO PAGADO** .... **SALDO PAGADO** ....
MODELO UTILIZADO ....
MATERIAL NECESARIO ....

ESQUEMA / FOTO

NOTAS ADICAIONALES

....
....
....
....
....
....
....

Rastreador de costura para llevar un registro de los proyectos de costura - regalo perfecto para los amantes de la costura

Rastreador de costura para llevar un registro de los proyectos de costura - regalo perfecto para los amantes de la costura

DETALLES

PROYECTO ....
CREADO PARA ....
FECHA DE INICIO .... **FECHA DE FINALIZACIÓN** ....
PUNTO .... **CANTIDAD** ....
PRECIO .... **DEPÓSITO PAGADO** .... **SALDO PAGADO** ....
MODELO UTILIZADO ....
MATERIAL NECESARIO ....

ESQUEMA / FOTO

NOTAS ADICAIONALES

....
....
....
....
....
....
....
....
....

Libro de proyectos de costura

Libro de proyectos de costura

DETALLES

PROYECTO ....
CREADO PARA ....
FECHA DE INICIO .... **FECHA DE FINALIZACIÓN** ....
PUNTO .... **CANTIDAD** ....
PRECIO .... **DEPÓSITO PAGADO** .... **SALDO PAGADO** ....
MODELO UTILIZADO ....
MATERIAL NECESARIO ....

ESQUEMA / FOTO

NOTAS ADICAIONALES

....
....
....
....
....
....
....

Rastreador de costura para llevar un registro de los proyectos de costura - regalo perfecto para los amantes de la costura

Rastreador de costura para llevar un registro de los proyectos de costura - regalo perfecto para los amantes de la costura

DETALLES

PROYECTO ....
CREADO PARA ....
FECHA DE INICIO .... **FECHA DE FINALIZACIÓN** ....
PUNTO .... **CANTIDAD** ....
PRECIO .... **DEPÓSITO PAGADO** .... **SALDO PAGADO** ....
MODELO UTILIZADO ....
MATERIAL NECESARIO ....

ESQUEMA / FOTO

NOTAS ADICAIONALES

....
....
....
....
....
....
....

Libro de proyectos de costura

Libro de proyectos de costura

DETALLES

PROYECTO ....
CREADO PARA ....
FECHA DE INICIO .... **FECHA DE FINALIZACIÓN** ....
PUNTO .... **CANTIDAD** ....
PRECIO .... **DEPÓSITO PAGADO** .... **SALDO PAGADO** ....
MODELO UTILIZADO ....
MATERIAL NECESARIO ....

ESQUEMA / FOTO

NOTAS ADICAIONALES

....
....
....
....
....
....
....
....

Rastreador de costura para llevar un registro de los proyectos de costura - regalo perfecto para los amantes de la costura

Rastreador de costura para llevar un registro de los proyectos de costura - regalo perfecto para los amantes de la costura

DETALLES

- **PROYECTO** ....
- **CREADO PARA** ....
- **FECHA DE INICIO** .... **FECHA DE FINALIZACIÓN** ....
- **PUNTO** .... **CANTIDAD** ....
- **PRECIO** .... **DEPÓSITO PAGADO** .... **SALDO PAGADO** ....
- **MODELO UTILIZADO** ....
- **MATERIAL NECESARIO** ....

ESQUEMA / FOTO

NOTAS ADICAIONALES

....
....
....
....
....
....
....
....

Libro de proyectos de costura

Libro de proyectos de costura

DETALLES

PROYECTO ....
CREADO PARA ....
FECHA DE INICIO .... **FECHA DE FINALIZACIÓN** ....
PUNTO .... **CANTIDAD** ....
PRECIO .... **DEPÓSITO PAGADO** .... **SALDO PAGADO** ....
MODELO UTILIZADO ....
MATERIAL NECESARIO ....

ESQUEMA / FOTO

NOTAS ADICAIONALES

....
....
....
....
....
....
....

Rastreador de costura para llevar un registro de los proyectos de costura - regalo perfecto para los amantes de la costura

Rastreador de costura para llevar un registro de los proyectos de costura - regalo perfecto para los amantes de la costura

DETALLES

PROYECTO ....
CREADO PARA ....
FECHA DE INICIO .... **FECHA DE FINALIZACIÓN** ....
PUNTO .... **CANTIDAD** ....
PRECIO .... **DEPÓSITO PAGADO** .... **SALDO PAGADO** ....
MODELO UTILIZADO ....
MATERIAL NECESARIO ....

ESQUEMA / FOTO

NOTAS ADICAIONALES

....
....
....
....
....
....
....
....

Libro de proyectos de costura

Libro de proyectos de costura

DETALLES

PROYECTO ....
CREADO PARA ....
FECHA DE INICIO .... **FECHA DE FINALIZACIÓN** ....
PUNTO .... **CANTIDAD** ....
PRECIO .... **DEPÓSITO PAGADO** .... **SALDO PAGADO** ....
MODELO UTILIZADO ....
MATERIAL NECESARIO ....

ESQUEMA / FOTO

NOTAS ADICAIONALES

....
....
....
....
....
....
....

Rastreador de costura para llevar un registro de los proyectos de costura - regalo perfecto para los amantes de la costura

Rastreador de costura para llevar un registro de los proyectos de costura - regalo perfecto para los amantes de la costura

DETALLES

PROYECTO ....
CREADO PARA ....
FECHA DE INICIO .... **FECHA DE FINALIZACIÓN** ....
PUNTO .... **CANTIDAD** ....
PRECIO .... **DEPÓSITO PAGADO** .... **SALDO PAGADO** ....
MODELO UTILIZADO ....
MATERIAL NECESARIO ....

ESQUEMA / FOTO

NOTAS ADICAIONALES

....
....
....
....
....
....
....
....

Libro de proyectos de costura

Libro de proyectos de costura

DETALLES

PROYECTO ....
CREADO PARA ....
FECHA DE INICIO .... **FECHA DE FINALIZACIÓN** ....
PUNTO .... **CANTIDAD** ....
PRECIO .... **DEPÓSITO PAGADO** .... **SALDO PAGADO** ....
MODELO UTILIZADO ....
MATERIAL NECESARIO ....

ESQUEMA / FOTO

NOTAS ADICAIONALES

....
....
....
....
....
....
....

Rastreador de costura para llevar un registro de los proyectos de costura - regalo perfecto para los amantes de la costura

Rastreador de costura para llevar un registro de los proyectos de costura - regalo perfecto para los amantes de la costura

DETALLES

PROYECTO ....
CREADO PARA ....
FECHA DE INICIO .... **FECHA DE FINALIZACIÓN** ....
PUNTO .... **CANTIDAD** ....
PRECIO .... **DEPÓSITO PAGADO** .... **SALDO PAGADO** ....
MODELO UTILIZADO ....
MATERIAL NECESARIO ....

ESQUEMA / FOTO

NOTAS ADICAIONALES

....
....
....
....
....
....
....
....

Libro de proyectos de costura

Libro de proyectos de costura

DETALLES

PROYECTO ....
CREADO PARA ....
FECHA DE INICIO .... **FECHA DE FINALIZACIÓN** ....
PUNTO .... **CANTIDAD** ....
PRECIO .... **DEPÓSITO PAGADO** .... **SALDO PAGADO** ....
MODELO UTILIZADO ....
MATERIAL NECESARIO ....

ESQUEMA / FOTO

NOTAS ADICAIONALES

....
....
....
....
....
....
....

Rastreador de costura para llevar un registro de los proyectos de costura - regalo perfecto para los amantes de la costura

Rastreador de costura para llevar un registro de los proyectos de costura - regalo perfecto para los amantes de la costura

DETALLES

PROYECTO ....
CREADO PARA ....
FECHA DE INICIO .... **FECHA DE FINALIZACIÓN** ....
PUNTO .... **CANTIDAD** ....
PRECIO .... **DEPÓSITO PAGADO** .... **SALDO PAGADO** ....
MODELO UTILIZADO ....
MATERIAL NECESARIO ....

ESQUEMA / FOTO

NOTAS ADICAIONALES

....
....
....
....
....
....
....
....

Libro de proyectos de costura

Libro de proyectos de costura

DETALLES

PROYECTO ....
CREADO PARA ....
FECHA DE INICIO .... **FECHA DE FINALIZACIÓN** ....
PUNTO .... **CANTIDAD** ....
PRECIO .... **DEPÓSITO PAGADO** .... **SALDO PAGADO** ....
MODELO UTILIZADO ....
MATERIAL NECESARIO ....

ESQUEMA / FOTO

NOTAS ADICAIONALES

....
....
....
....
....
....
....
....

Rastreador de costura para llevar un registro de los proyectos de costura - regalo perfecto para los amantes de la costura

Rastreador de costura para llevar un registro de los proyectos de costura - regalo perfecto para los amantes de la costura

DETALLES

PROYECTO ....

CREADO PARA ....

FECHA DE INICIO .... **FECHA DE FINALIZACIÓN** ....

PUNTO .... **CANTIDAD** ....

PRECIO .... **DEPÓSITO PAGADO** .... **SALDO PAGADO** ....

MODELO UTILIZADO ....

MATERIAL NECESARIO ....

ESQUEMA / FOTO

NOTAS ADICAIONALES

....
....
....
....
....
....
....

Libro de proyectos de costura

Libro de proyectos de costura

DETALLES

PROYECTO ....
CREADO PARA ....
FECHA DE INICIO .... **FECHA DE FINALIZACIÓN** ....
PUNTO .... **CANTIDAD** ....
PRECIO .... **DEPÓSITO PAGADO** .... **SALDO PAGADO** ....
MODELO UTILIZADO ....
MATERIAL NECESARIO ....

ESQUEMA / FOTO

NOTAS ADICAIONALES

....
....
....
....
....
....
....

Rastreador de costura para llevar un registro de los proyectos de costura - regalo perfecto para los amantes de la costura

Rastreador de costura para llevar un registro de los proyectos de costura - regalo perfecto para los amantes de la costura

DETALLES

PROYECTO ....
CREADO PARA ....
FECHA DE INICIO .... **FECHA DE FINALIZACIÓN** ....
PUNTO .... **CANTIDAD** ....
PRECIO .... **DEPÓSITO PAGADO** .... **SALDO PAGADO** ....
MODELO UTILIZADO ....
MATERIAL NECESARIO ....

ESQUEMA / FOTO

NOTAS ADICAIONALES

....
....
....
....
....
....
....
....

Libro de proyectos de costura

Libro de proyectos de costura

DETALLES

PROYECTO ....
CREADO PARA ....
FECHA DE INICIO .... **FECHA DE FINALIZACIÓN** ....
PUNTO .... **CANTIDAD** ....
PRECIO .... **DEPÓSITO PAGADO** .... **SALDO PAGADO** ....
MODELO UTILIZADO ....
MATERIAL NECESARIO ....

ESQUEMA / FOTO

NOTAS ADICAIONALES

....
....
....
....
....
....
....

Rastreador de costura para llevar un registro de los proyectos de costura - regalo perfecto para los amantes de la costura

Rastreador de costura para llevar un registro de los proyectos de costura - regalo perfecto para los amantes de la costura

DETALLES

PROYECTO ....
CREADO PARA ....
FECHA DE INICIO .... **FECHA DE FINALIZACIÓN** ....
PUNTO .... **CANTIDAD** ....
PRECIO .... **DEPÓSITOPA GADO** .... **SALDO PAGADO** ....
MODELO UTILIZADO ....
MATERIAL NECESARIO ....

ESQUEMA / FOTO

NOTAS ADICAIONALES

....
....
....
....
....
....
....
....

Libro de proyectos de costura

Libro de proyectos de costura

DETALLES

PROYECTO ....
CREADO PARA ....
FECHA DE INICIO .... **FECHA DE FINALIZACIÓN** ....
PUNTO .... **CANTIDAD** ....
PRECIO .... **DEPÓSITO PAGADO** .... **SALDO PAGADO** ....
MODELO UTILIZADO ....
MATERIAL NECESARIO ....

ESQUEMA / FOTO

NOTAS ADICAIONALES

....
....
....
....
....
....
....

Rastreador de costura para llevar un registro de los proyectos de costura - regalo perfecto para los amantes de la costura

Rastreador de costura para llevar un registro de los proyectos de costura - regalo perfecto para los amantes de la costura

DETALLES

PROYECTO ....
CREADO PARA ....
FECHA DE INICIO .... **FECHA DE FINALIZACIÓN** ....
PUNTO .... **CANTIDAD** ....
PRECIO .... **DEPÓSITO PAGADO** .... **SALDO PAGADO** ....
MODELO UTILIZADO ....
MATERIAL NECESARIO ....

ESQUEMA / FOTO

NOTAS ADICAIONALES

....
....
....
....
....
....
....
....

Libro de proyectos de costura

Libro de proyectos de costura

DETALLES

PROYECTO ....
CREADO PARA ....
FECHA DE INICIO .... **FECHA DE FINALIZACIÓN** ....
PUNTO .... **CANTIDAD** ....
PRECIO .... **DEPÓSITO PAGADO** .... **SALDO PAGADO** ....
MODELO UTILIZADO ....
MATERIAL NECESARIO ....

ESQUEMA / FOTO

NOTAS ADICAIONALES

....
....
....
....
....
....
....

Rastreador de costura para llevar un registro de los proyectos de costura - regalo perfecto para los amantes de la costura

Rastreador de costura para llevar un registro de los proyectos de costura - regalo perfecto para los amantes de la costura

DETALLES

PROYECTO ....
CREADO PARA ....
FECHA DE INICIO .... **FECHA DE FINALIZACIÓN** ....
PUNTO .... **CANTIDAD** ....
PRECIO .... **DEPÓSITO PAGADO** .... **SALDO PAGADO** ....
MODELO UTILIZADO ....
MATERIAL NECESARIO ....

ESQUEMA / FOTO

NOTAS ADICAIONALES

....
....
....
....
....
....
....
....

Libro de proyectos de costura

Libro de proyectos de costura

DETALLES

PROYECTO ....
CREADO PARA ....
FECHA DE INICIO .... **FECHA DE FINALIZACIÓN** ....
PUNTO .... **CANTIDAD** ....
PRECIO .... **DEPÓSITO PAGADO** .... **SALDO PAGADO** ....
MODELO UTILIZADO ....
MATERIAL NECESARIO ....

ESQUEMA / FOTO

NOTAS ADICAIONALES

....
....
....
....
....
....
....

Rastreador de costura para llevar un registro de los proyectos de costura - regalo perfecto para los amantes de la costura

Rastreador de costura para llevar un registro de los proyectos de costura - regalo perfecto para los amantes de la costura

DETALLES

PROYECTO ....
CREADO PARA ....
FECHA DE INICIO .... **FECHA DE FINALIZACIÓN** ....
PUNTO .... **CANTIDAD** ....
PRECIO .... **DEPÓSITO PAGADO** .... **SALDO PAGADO** ....
MODELO UTILIZADO ....
MATERIAL NECESARIO ....

ESQUEMA / FOTO

NOTAS ADICAIONALES

....
....
....
....
....
....
....
....

Libro de proyectos de costura

Libro de proyectos de costura

DETALLES

PROYECTO ....
CREADO PARA ....
FECHA DE INICIO .... **FECHA DE FINALIZACIÓN** ....
PUNTO .... **CANTIDAD** ....
PRECIO .... **DEPÓSITO PAGADO** .... **SALDO PAGADO** ....
MODELO UTILIZADO ....
MATERIAL NECESARIO ....

ESQUEMA / FOTO

NOTAS ADICAIONALES

....
....
....
....
....
....
....

Rastreador de costura para llevar un registro de los proyectos de costura - regalo perfecto para los amantes de la costura

Rastreador de costura para llevar un registro de los proyectos de costura - regalo perfecto para los amantes de la costura

DETALLES

PROYECTO ....
CREADO PARA ....
FECHA DE INICIO .... **FECHA DE FINALIZACIÓN** ....
PUNTO .... **CANTIDAD** ....
PRECIO .... **DEPÓSITOPAGADO** .... **SALDO PAGADO** ....
MODELO UTILIZADO ....
MATERIAL NECESARIO ....

ESQUEMA / FOTO

NOTAS ADICAIONALES

....
....
....
....
....
....
....
....

Libro de proyectos de costura

Libro de proyectos de costura

DETALLES

PROYECTO ....
CREADO PARA ....
FECHA DE INICIO .... **FECHA DE FINALIZACIÓN** ....
PUNTO .... **CANTIDAD** ....
PRECIO .... **DEPÓSITO PAGADO** .... **SALDO PAGADO** ....
MODELO UTILIZADO ....
MATERIAL NECESARIO ....

ESQUEMA / FOTO

NOTAS ADICAIONALES

....
....
....
....
....
....
....
....

Rastreador de costura para llevar un registro de los proyectos de costura - regalo perfecto para los amantes de la costura

Rastreador de costura para llevar un registro de los proyectos de costura - regalo perfecto para los amantes de la costura

DETALLES

PROYECTO ....
CREADO PARA ....
FECHA DE INICIO .... **FECHA DE FINALIZACIÓN** ....
PUNTO .... **CANTIDAD** ....
PRECIO .... **DEPÓSITO PAGADO** .... **SALDO PAGADO** ....
MODELO UTILIZADO ....
MATERIAL NECESARIO ....

ESQUEMA / FOTO

NOTAS ADICAIONALES

....
....
....
....
....
....
....
....

Libro de proyectos de costura

Libro de proyectos de costura

DETALLES

PROYECTO ....
CREADO PARA ....
FECHA DE INICIO .... **FECHA DE FINALIZACIÓN** ....
PUNTO .... **CANTIDAD** ....
PRECIO .... **DEPÓSITO PAGADO** .... **SALDO PAGADO** ....
MODELO UTILIZADO ....
MATERIAL NECESARIO ....

ESQUEMA / FOTO

NOTAS ADICAIONALES

....
....
....
....
....
....
....

Rastreador de costura para llevar un registro de los proyectos de costura - regalo perfecto para los amantes de la costura

Rastreador de costura para llevar un registro de los proyectos de costura - regalo perfecto para los amantes de la costura

DETALLES

PROYECTO ....
CREADO PARA ....
FECHA DE INICIO .... **FECHA DE FINALIZACIÓN** ....
PUNTO .... **CANTIDAD** ....
PRECIO .... **DEPÓSITOPA GADO** .... **SALDO PAGADO** ....
MODELO UTILIZADO ....
MATERIAL NECESARIO ....

ESQUEMA / FOTO

NOTAS ADICAIONALES

....
....
....
....
....
....
....
....

Libro de proyectos de costura

Libro de proyectos de costura

DETALLES

PROYECTO ....
CREADO PARA ....
FECHA DE INICIO .... **FECHA DE FINALIZACIÓN** ....
PUNTO .... **CANTIDAD** ....
PRECIO .... **DEPÓSITO PAGADO** .... **SALDO PAGADO** ....
MODELO UTILIZADO ....
MATERIAL NECESARIO ....

ESQUEMA / FOTO

NOTAS ADICAIONALES

....
....
....
....
....
....
....
....

Rastreador de costura para llevar un registro de los proyectos de costura - regalo perfecto para los amantes de la costura

Rastreador de costura para llevar un registro de los proyectos de costura - regalo perfecto para los amantes de la costura

DETALLES

PROYECTO ....
CREADO PARA ....
FECHA DE INICIO .... **FECHA DE FINALIZACIÓN** ....
PUNTO .... **CANTIDAD** ....
PRECIO .... **DEPÓSITO PAGADO** .... **SALDO PAGADO** ....
MODELO UTILIZADO ....
MATERIAL NECESARIO ....

ESQUEMA / FOTO

NOTAS ADICAIONALES

....
....
....
....
....
....
....

Libro de proyectos de costura

Libro de proyectos de costura

DETALLES

PROYECTO ....
CREADO PARA ....
FECHA DE INICIO .... **FECHA DE FINALIZACIÓN** ....
PUNTO .... **CANTIDAD** ....
PRECIO .... **DEPÓSITO PAGADO** .... **SALDO PAGADO** ....
MODELO UTILIZADO ....
MATERIAL NECESARIO ....

ESQUEMA / FOTO

NOTAS ADICAIONALES

....
....
....
....
....
....
....

Rastreador de costura para llevar un registro de los proyectos de costura - regalo perfecto para los amantes de la costura

Rastreador de costura para llevar un registro de los proyectos de costura - regalo perfecto para los amantes de la costura

DETALLES

PROYECTO ....
CREADO PARA ....
FECHA DE INICIO .... **FECHA DE FINALIZACIÓN** ....
PUNTO .... **CANTIDAD** ....
PRECIO .... **DEPÓSITO PAGADO** .... **SALDO PAGADO** ....
MODELO UTILIZADO ....
MATERIAL NECESARIO ....

ESQUEMA / FOTO

NOTAS ADICAIONALES

....
....
....
....
....
....
....
....

Libro de proyectos de costura

Libro de proyectos de costura

DETALLES

PROYECTO ....
CREADO PARA ....
FECHA DE INICIO .... **FECHA DE FINALIZACIÓN** ....
PUNTO .... **CANTIDAD** ....
PRECIO .... **DEPÓSITO PAGADO** .... **SALDO PAGADO** ....
MODELO UTILIZADO ....
MATERIAL NECESARIO ....

ESQUEMA / FOTO

NOTAS ADICAIONALES

....
....
....
....
....
....
....

Rastreador de costura para llevar un registro de los proyectos de costura - regalo perfecto para los amantes de la costura

Rastreador de costura para llevar un registro de los proyectos de costura - regalo perfecto para los amantes de la costura

DETALLES

PROYECTO ....
CREADO PARA ....
FECHA DE INICIO .... **FECHA DE FINALIZACIÓN** ....
PUNTO .... **CANTIDAD** ....
PRECIO .... **DEPÓSITO PAGADO** .... **SALDO PAGADO** ....
MODELO UTILIZADO ....
MATERIAL NECESARIO ....

ESQUEMA / FOTO

NOTAS ADICAIONALES

....
....
....
....
....
....
....
....

Libro de proyectos de costura

Libro de proyectos de costura

DETALLES

PROYECTO ....
CREADO PARA ....
FECHA DE INICIO .... **FECHA DE FINALIZACIÓN** ....
PUNTO .... **CANTIDAD** ....
PRECIO .... **DEPÓSITO PAGADO** .... **SALDO PAGADO** ....
MODELO UTILIZADO ....
MATERIAL NECESARIO ....

ESQUEMA / FOTO

NOTAS ADICAIONALES

....
....
....
....
....
....
....

Rastreador de costura para llevar un registro de los proyectos de costura - regalo perfecto para los amantes de la costura

Rastreador de costura para llevar un registro de los proyectos de costura - regalo perfecto para los amantes de la costura

DETALLES

PROYECTO ....
CREADO PARA ....
FECHA DE INICIO .... **FECHA DE FINALIZACIÓN** ....
PUNTO .... **CANTIDAD** ....
PRECIO .... **DEPÓSITO PAGADO** .... **SALDO PAGADO** ....
MODELO UTILIZADO ....
MATERIAL NECESARIO ....

ESQUEMA / FOTO

NOTAS ADICAIONALES

....
....
....
....
....
....
....
....

Libro de proyectos de costura

Libro de proyectos de costura

DETALLES

PROYECTO ....
CREADO PARA ....
FECHA DE INICIO .... FECHA DE FINALIZACIÓN ....
PUNTO .... CANTIDAD ....
PRECIO .... DEPÓSITO PAGADO .... SALDO PAGADO ....
MODELO UTILIZADO ....
MATERIAL NECESARIO ....

ESQUEMA / FOTO

NOTAS ADICAIONALES

....
....
....
....
....
....
....

Rastreador de costura para llevar un registro de los proyectos de costura - regalo perfecto para los amantes de la costura

Rastreador de costura para llevar un registro de los proyectos de costura - regalo perfecto para los amantes de la costura

DETALLES

PROYECTO ....
CREADO PARA ....
FECHA DE INICIO .... **FECHA DE FINALIZACIÓN** ....
PUNTO .... **CANTIDAD** ....
PRECIO .... **DEPÓSITO PAGADO** .... **SALDO PAGADO** ....
MODELO UTILIZADO ....
MATERIAL NECESARIO ....

ESQUEMA / FOTO

NOTAS ADICAIONALES

....
....
....
....
....
....
....
....

Libro de proyectos de costura

Libro de proyectos de costura

DETALLES

PROYECTO ....
CREADO PARA ....
FECHA DE INICIO .... **FECHA DE FINALIZACIÓN** ....
PUNTO .... **CANTIDAD** ....
PRECIO .... **DEPÓSITO PAGADO** .... **SALDO PAGADO** ....
MODELO UTILIZADO ....
MATERIAL NECESARIO ....

ESQUEMA / FOTO

NOTAS ADICAIONALES

....
....
....
....
....
....
....

Rastreador de costura para llevar un registro de los proyectos de costura - regalo perfecto para los amantes de la costura

Rastreador de costura para llevar un registro de los proyectos de costura - regalo perfecto para los amantes de la costura

DETALLES

PROYECTO ....
CREADO PARA ....
FECHA DE INICIO .... **FECHA DE FINALIZACIÓN** ....
PUNTO .... **CANTIDAD** ....
PRECIO .... **DEPÓSITO PAGADO** .... **SALDO PAGADO** ....
MODELO UTILIZADO ....
MATERIAL NECESARIO ....

ESQUEMA / FOTO

NOTAS ADICAIONALES

....
....
....
....
....
....
....
....

Libro de proyectos de costura

Libro de proyectos de costura

DETALLES

PROYECTO ....
CREADO PARA ....
FECHA DE INICIO .... **FECHA DE FINALIZACIÓN** ....
PUNTO .... **CANTIDAD** ....
PRECIO .... **DEPÓSITO PAGADO** .... **SALDO PAGADO** ....
MODELO UTILIZADO ....
MATERIAL NECESARIO ....

ESQUEMA / FOTO

NOTAS ADICAIONALES

....
....
....
....
....
....
....

Rastreador de costura para llevar un registro de los proyectos de costura - regalo perfecto para los amantes de la costura

Rastreador de costura para llevar un registro de los proyectos de costura - regalo perfecto para los amantes de la costura

DETALLES

PROYECTO ....
CREADO PARA ....
FECHA DE INICIO .... **FECHA DE FINALIZACIÓN** ....
PUNTO .... **CANTIDAD** ....
PRECIO .... **DEPÓSITO PAGADO** .... **SALDO PAGADO** ....
MODELO UTILIZADO ....
MATERIAL NECESARIO ....

ESQUEMA / FOTO

NOTAS ADICAIONALES

....
....
....
....
....
....
....

Libro de proyectos de costura

Libro de proyectos de costura

DETALLES

PROYECTO ....
CREADO PARA ....
FECHA DE INICIO .... **FECHA DE FINALIZACIÓN** ....
PUNTO .... **CANTIDAD** ....
PRECIO .... **DEPÓSITO PAGADO** .... **SALDO PAGADO** ....
MODELO UTILIZADO ....
MATERIAL NECESARIO ....

ESQUEMA / FOTO

NOTAS ADICAIONALES

....
....
....
....
....
....
....

Rastreador de costura para llevar un registro de los proyectos de costura - regalo perfecto para los amantes de la costura

Rastreador de costura para llevar un registro de los proyectos de costura - regalo perfecto para los amantes de la costura

DETALLES

PROYECTO ....
CREADO PARA ....
FECHA DE INICIO .... **FECHA DE FINALIZACIÓN** ....
PUNTO .... **CANTIDAD** ....
PRECIO .... **DEPÓSITO PAGADO** .... **SALDO PAGADO** ....
MODELO UTILIZADO ....
MATERIAL NECESARIO ....

ESQUEMA / FOTO

NOTAS ADICAIONALES

....
....
....
....
....
....
....
....

Libro de proyectos de costura

Libro de proyectos de costura

DETALLES

PROYECTO ....
CREADO PARA ....
FECHA DE INICIO .... **FECHA DE FINALIZACIÓN** ....
PUNTO .... **CANTIDAD** ....
PRECIO .... **DEPÓSITO PAGADO** .... **SALDO PAGADO** ....
MODELO UTILIZADO ....
MATERIAL NECESARIO ....

ESQUEMA / FOTO

NOTAS ADICAIONALES

....
....
....
....
....
....
....
....

Rastreador de costura para llevar un registro de los proyectos de costura - regalo perfecto para los amantes de la costura

Rastreador de costura para llevar un registro de los proyectos de costura - regalo perfecto para los amantes de la costura

DETALLES

PROYECTO ....
CREADO PARA ....
FECHA DE INICIO .... **FECHA DE FINALIZACIÓN** ....
PUNTO .... **CANTIDAD** ....
PRECIO .... **DEPÓSITO PAGADO** .... **SALDO PAGADO** ....
MODELO UTILIZADO ....
MATERIAL NECESARIO ....

ESQUEMA / FOTO

NOTAS ADICAIONALES

....
....
....
....
....
....
....
....

Libro de proyectos de costura

Libro de proyectos de costura

DETALLES

PROYECTO ....
CREADO PARA ....
FECHA DE INICIO .... **FECHA DE FINALIZACIÓN** ....
PUNTO .... **CANTIDAD** ....
PRECIO .... **DEPÓSITO PAGADO** .... **SALDO PAGADO** ....
MODELO UTILIZADO ....
MATERIAL NECESARIO ....

ESQUEMA / FOTO

NOTAS ADICAIONALES

....
....
....
....
....
....
....

Rastreador de costura para llevar un registro de los proyectos de costura - regalo perfecto para los amantes de la costura

Rastreador de costura para llevar un registro de los proyectos de costura - regalo perfecto para los amantes de la costura

DETALLES

PROYECTO ....
CREADO PARA ....
FECHA DE INICIO .... **FECHA DE FINALIZACIÓN** ....
PUNTO .... **CANTIDAD** ....
PRECIO .... **DEPÓSITO PAGADO** .... **SALDO PAGADO** ....
MODELO UTILIZADO ....
MATERIAL NECESARIO ....

ESQUEMA / FOTO

NOTAS ADICAIONALES

....
....
....
....
....
....
....
....

Libro de proyectos de costura

Libro de proyectos de costura

DETALLES

PROYECTO ....
CREADO PARA ....
FECHA DE INICIO .... **FECHA DE FINALIZACIÓN** ....
PUNTO .... **CANTIDAD** ....
PRECIO .... **DEPÓSITO PAGADO** .... **SALDO PAGADO** ....
MODELO UTILIZADO ....
MATERIAL NECESARIO ....

ESQUEMA / FOTO

NOTAS ADICAIONALES

....
....
....
....
....
....
....

Rastreador de costura para llevar un registro de los proyectos de costura - regalo perfecto para los amantes de la costura

Rastreador de costura para llevar un registro de los proyectos de costura - regalo perfecto para los amantes de la costura

DETALLES

PROYECTO ....
CREADO PARA ....
FECHA DE INICIO .... **FECHA DE FINALIZACIÓN** ....
PUNTO .... **CANTIDAD** ....
PRECIO .... **DEPÓSITO PAGADO** .... **SALDO PAGADO** ....
MODELO UTILIZADO ....
MATERIAL NECESARIO ....

ESQUEMA / FOTO

NOTAS ADICAIONALES

....
....
....
....
....
....
....
....

Libro de proyectos de costura

Libro de proyectos de costura

DETALLES

PROYECTO ....
CREADO PARA ....
FECHA DE INICIO .... **FECHA DE FINALIZACIÓN** ....
PUNTO .... **CANTIDAD** ....
PRECIO .... **DEPÓSITO PAGADO** .... **SALDO PAGADO** ....
MODELO UTILIZADO ....
MATERIAL NECESARIO ....

ESQUEMA / FOTO

NOTAS ADICAIONALES

....
....
....
....
....
....
....

Rastreador de costura para llevar un registro de los proyectos de costura - regalo perfecto para los amantes de la costura

Rastreador de costura para llevar un registro de los proyectos de costura - regalo perfecto para los amantes de la costura

DETALLES

PROYECTO ....
CREADO PARA ....
FECHA DE INICIO .... **FECHA DE FINALIZACIÓN** ....
PUNTO .... **CANTIDAD** ....
PRECIO .... **DEPÓSITO PAGADO** .... **SALDO PAGADO** ....
MODELO UTILIZADO ....
MATERIAL NECESARIO ....

ESQUEMA / FOTO

NOTAS ADICAIONALES

....
....
....
....
....
....
....
....

Libro de proyectos de costura

Libro de proyectos de costura

DETALLES

PROYECTO ....
CREADO PARA ....
FECHA DE INICIO .... **FECHA DE FINALIZACIÓN** ....
PUNTO .... **CANTIDAD** ....
PRECIO .... **DEPÓSITO PAGADO** .... **SALDO PAGADO** ....
MODELO UTILIZADO ....
MATERIAL NECESARIO ....

ESQUEMA / FOTO

NOTAS ADICAIONALES

....
....
....
....
....
....
....

Rastreador de costura para llevar un registro de los proyectos de costura - regalo perfecto para los amantes de la costura

Rastreador de costura para llevar un registro de los proyectos de costura - regalo perfecto para los amantes de la costura

DETALLES

PROYECTO ....
CREADO PARA ....
FECHA DE INICIO .... **FECHA DE FINALIZACIÓN** ....
PUNTO .... **CANTIDAD** ....
PRECIO .... **DEPÓSITOPAGADO** .... **SALDO PAGADO** ....
MODELO UTILIZADO ....
MATERIAL NECESARIO ....

ESQUEMA / FOTO

NOTAS ADICAIONALES

....
....
....
....
....
....
....

Libro de proyectos de costura

Libro de proyectos de costura

DETALLES

PROYECTO ....
CREADO PARA ....
FECHA DE INICIO .... FECHA DE FINALIZACIÓN ....
PUNTO .... CANTIDAD ....
PRECIO .... DEPÓSITO PAGADO .... SALDO PAGADO ....
MODELO UTILIZADO ....
MATERIAL NECESARIO ....

ESQUEMA / FOTO

NOTAS ADICAIONALES

....
....
....
....
....
....
....

Rastreador de costura para llevar un registro de los proyectos de costura - regalo perfecto para los amantes de la costura

Rastreador de costura para llevar un registro de los proyectos de costura - regalo perfecto para los amantes de la costura

DETALLES

PROYECTO ....
CREADO PARA ....
FECHA DE INICIO .... **FECHA DE FINALIZACIÓN** ....
PUNTO .... **CANTIDAD** ....
PRECIO .... **DEPÓSITO PAGADO** .... **SALDO PAGADO** ....
MODELO UTILIZADO ....
MATERIAL NECESARIO ....

ESQUEMA / FOTO

NOTAS ADICAIONALES

....
....
....
....
....
....
....
....

Libro de proyectos de costura

Libro de proyectos de costura

DETALLES

PROYECTO ....
CREADO PARA ....
FECHA DE INICIO .... **FECHA DE FINALIZACIÓN** ....
PUNTO .... **CANTIDAD** ....
PRECIO .... **DEPÓSITO PAGADO** .... **SALDO PAGADO** ....
MODELO UTILIZADO ....
MATERIAL NECESARIO ....

ESQUEMA / FOTO

NOTAS ADICAIONALES

....
....
....
....
....
....
....
....

Rastreador de costura para llevar un registro de los proyectos de costura - regalo perfecto para los amantes de la costura

Rastreador de costura para llevar un registro de los proyectos de costura - regalo perfecto para los amantes de la costura

DETALLES

PROYECTO ....
CREADO PARA ....
FECHA DE INICIO .... **FECHA DE FINALIZACIÓN** ....
PUNTO .... **CANTIDAD** ....
PRECIO .... **DEPÓSITO PAGADO** .... **SALDO PAGADO** ....
MODELO UTILIZADO ....
MATERIAL NECESARIO ....

ESQUEMA / FOTO

NOTAS ADICAIONALES

....
....
....
....
....
....
....
....

Libro de proyectos de costura

Libro de proyectos de costura

DETALLES

PROYECTO ....
CREADO PARA ....
FECHA DE INICIO .... **FECHA DE FINALIZACIÓN** ....
PUNTO .... **CANTIDAD** ....
PRECIO .... **DEPÓSITO PAGADO** .... **SALDO PAGADO** ....
MODELO UTILIZADO ....
MATERIAL NECESARIO ....

ESQUEMA / FOTO

NOTAS ADICAIONALES

....
....
....
....
....
....
....

Rastreador de costura para llevar un registro de los proyectos de costura - regalo perfecto para los amantes de la costura

Rastreador de costura para llevar un registro de los proyectos de costura - regalo perfecto para los amantes de la costura

DETALLES

PROYECTO ....
CREADO PARA ....
FECHA DE INICIO .... **FECHA DE FINALIZACIÓN** ....
PUNTO .... **CANTIDAD** ....
PRECIO .... **DEPÓSITO PAGADO** .... **SALDO PAGADO** ....
MODELO UTILIZADO ....
MATERIAL NECESARIO ....

ESQUEMA / FOTO

NOTAS ADICAIONALES

....
....
....
....
....
....
....
....

Libro de proyectos de costura

Libro de proyectos de costura

DETALLES

PROYECTO ....
CREADO PARA ....
FECHA DE INICIO .... **FECHA DE FINALIZACIÓN** ....
PUNTO .... **CANTIDAD** ....
PRECIO .... **DEPÓSITO PAGADO** .... **SALDO PAGADO** ....
MODELO UTILIZADO ....
MATERIAL NECESARIO ....

ESQUEMA / FOTO

NOTAS ADICAIONALES

....
....
....
....
....
....
....

Rastreador de costura para llevar un registro de los proyectos de costura - regalo perfecto para los amantes de la costura

Rastreador de costura para llevar un registro de los proyectos de costura - regalo perfecto para los amantes de la costura

DETALLES

PROYECTO ....
CREADO PARA ....
FECHA DE INICIO .... FECHA DE FINALIZACIÓN ....
PUNTO .... CANTIDAD ....
PRECIO .... DEPÓSITO PAGADO .... SALDO PAGADO ....
MODELO UTILIZADO ....
MATERIAL NECESARIO ....

ESQUEMA / FOTO

NOTAS ADICAIONALES

....
....
....
....
....
....
....
....

Libro de proyectos de costura

Libro de proyectos de costura

DETALLES

PROYECTO ....
CREADO PARA ....
FECHA DE INICIO .... **FECHA DE FINALIZACIÓN** ....
PUNTO .... **CANTIDAD** ....
PRECIO .... **DEPÓSITO PAGADO** .... **SALDO PAGADO** ....
MODELO UTILIZADO ....
MATERIAL NECESARIO ....

ESQUEMA / FOTO

NOTAS ADICAIONALES

....
....
....
....
....
....
....

Rastreador de costura para llevar un registro de los proyectos de costura - regalo perfecto para los amantes de la costura

Rastreador de costura para llevar un registro de los proyectos de costura - regalo perfecto para los amantes de la costura

DETALLES

PROYECTO ....
CREADO PARA ....
FECHA DE INICIO .... **FECHA DE FINALIZACIÓN** ....
PUNTO .... **CANTIDAD** ....
PRECIO .... **DEPÓSITO PAGADO** .... **SALDO PAGADO** ....
MODELO UTILIZADO ....
MATERIAL NECESARIO ....

ESQUEMA / FOTO

NOTAS ADICAIONALES

....
....
....
....
....
....
....

Libro de proyectos de costura

Libro de proyectos de costura

DETALLES

PROYECTO ....

CREADO PARA ....

FECHA DE INICIO .... **FECHA DE FINALIZACIÓN** ....

PUNTO .... **CANTIDAD** ....

PRECIO .... **DEPÓSITO PAGADO** .... **SALDO PAGADO** ....

MODELO UTILIZADO ....

MATERIAL NECESARIO ....

ESQUEMA / FOTO

NOTAS ADICAIONALES

....
....
....
....
....
....
....

Rastreador de costura para llevar un registro de los proyectos de costura - regalo perfecto para los amantes de la costura

Rastreador de costura para llevar un registro de los proyectos de costura - regalo perfecto para los amantes de la costura

DETALLES

PROYECTO ....
CREADO PARA ....
FECHA DE INICIO .... **FECHA DE FINALIZACIÓN** ....
PUNTO .... **CANTIDAD** ....
PRECIO .... **DEPÓSITO PAGADO** .... **SALDO PAGADO** ....
MODELO UTILIZADO ....
MATERIAL NECESARIO ....

ESQUEMA / FOTO

NOTAS ADICAIONALES

....
....
....
....
....
....
....

Libro de proyectos de costura

Libro de proyectos de costura

DETALLES

PROYECTO ....
CREADO PARA ....
FECHA DE INICIO .... **FECHA DE FINALIZACIÓN** ....
PUNTO .... **CANTIDAD** ....
PRECIO .... **DEPÓSITO PAGADO** .... **SALDO PAGADO** ....
MODELO UTILIZADO ....
MATERIAL NECESARIO ....

ESQUEMA / FOTO

NOTAS ADICAIONALES

....
....
....
....
....
....
....

Rastreador de costura para llevar un registro de los proyectos de costura - regalo perfecto para los amantes de la costura

Rastreador de costura para llevar un registro de los proyectos de costura - regalo perfecto para los amantes de la costura

DETALLES

PROYECTO ....

CREADO PARA ....

FECHA DE INICIO .... **FECHA DE FINALIZACIÓN** ....

PUNTO .... **CANTIDAD** ....

PRECIO .... **DEPÓSITOPA GADO** .... **SALDO PAGADO** ....

MODELO UTILIZADO ....

MATERIAL NECESARIO ....

ESQUEMA / FOTO

NOTAS ADICAIONALES

....
....
....
....
....
....
....
....

Libro de proyectos de costura

Libro de proyectos de costura

DETALLES

PROYECTO ....
CREADO PARA ....
FECHA DE INICIO .... **FECHA DE FINALIZACIÓN** ....
PUNTO .... **CANTIDAD** ....
PRECIO .... **DEPÓSITO PAGADO** .... **SALDO PAGADO** ....
MODELO UTILIZADO ....
MATERIAL NECESARIO ....

ESQUEMA / FOTO

NOTAS ADICAIONALES

....
....
....
....
....
....
....

Rastreador de costura para llevar un registro de los proyectos de costura - regalo perfecto para los amantes de la costura

Rastreador de costura para llevar un registro de los proyectos de costura - regalo perfecto para los amantes de la costura

DETALLES

PROYECTO ....
CREADO PARA ....
FECHA DE INICIO .... **FECHA DE FINALIZACIÓN** ....
PUNTO .... **CANTIDAD** ....
PRECIO .... **DEPÓSITO PAGADO** .... **SALDO PAGADO** ....
MODELO UTILIZADO ....
MATERIAL NECESARIO ....

ESQUEMA / FOTO

NOTAS ADICAIONALES

....
....
....
....
....
....
....
....

Libro de proyectos de costura

Libro de proyectos de costura

DETALLES

PROYECTO ....
CREADO PARA ....
FECHA DE INICIO .... **FECHA DE FINALIZACIÓN** ....
PUNTO .... **CANTIDAD** ....
PRECIO .... **DEPÓSITO PAGADO** .... **SALDO PAGADO** ....
MODELO UTILIZADO ....
MATERIAL NECESARIO ....

ESQUEMA / FOTO

NOTAS ADICAIONALES

....
....
....
....
....
....
....
....

Rastreador de costura para llevar un registro de los proyectos de costura - regalo perfecto para los amantes de la costura

Rastreador de costura para llevar un registro de los proyectos de costura - regalo perfecto para los amantes de la costura

DETALLES

PROYECTO ....
CREADO PARA ....
FECHA DE INICIO .... **FECHA DE FINALIZACIÓN** ....
PUNTO .... **CANTIDAD** ....
PRECIO .... **DEPÓSITO PAGADO** .... **SALDO PAGADO** ....
MODELO UTILIZADO ....
MATERIAL NECESARIO ....

ESQUEMA / FOTO

NOTAS ADICAIONALES

....
....
....
....
....
....
....
....

Libro de proyectos de costura

Libro de proyectos de costura

DETALLES

PROYECTO ....
CREADO PARA ....
FECHA DE INICIO .... **FECHA DE FINALIZACIÓN** ....
PUNTO .... **CANTIDAD** ....
PRECIO .... **DEPÓSITO PAGADO** .... **SALDO PAGADO** ....
MODELO UTILIZADO ....
MATERIAL NECESARIO ....

ESQUEMA / FOTO

NOTAS ADICAIONALES

....
....
....
....
....
....
....
....

Rastreador de costura para llevar un registro de los proyectos de costura - regalo perfecto para los amantes de la costura

Rastreador de costura para llevar un registro de los proyectos de costura - regalo perfecto para los amantes de la costura

DETALLES

PROYECTO ....
CREADO PARA ....
FECHA DE INICIO .... **FECHA DE FINALIZACIÓN** ....
PUNTO .... **CANTIDAD** ....
PRECIO .... **DEPÓSITO PAGADO** .... **SALDO PAGADO** ....
MODELO UTILIZADO ....
MATERIAL NECESARIO ....

ESQUEMA / FOTO

NOTAS ADICAIONALES

....
....
....
....
....
....
....
....

Libro de proyectos de costura

Libro de proyectos de costura

DETALLES

PROYECTO ....
CREADO PARA ....
FECHA DE INICIO .... **FECHA DE FINALIZACIÓN** ....
PUNTO .... **CANTIDAD** ....
PRECIO .... **DEPÓSITO PAGADO** .... **SALDO PAGADO** ....
MODELO UTILIZADO ....
MATERIAL NECESARIO ....

ESQUEMA / FOTO

NOTAS ADICAIONALES

....
....
....
....
....
....
....

Rastreador de costura para llevar un registro de los proyectos de costura - regalo perfecto para los amantes de la costura

Rastreador de costura para llevar un registro de los proyectos de costura - regalo perfecto para los amantes de la costura

DETALLES

PROYECTO ....
CREADO PARA ....
FECHA DE INICIO .... **FECHA DE FINALIZACIÓN** ....
PUNTO .... **CANTIDAD** ....
PRECIO .... **DEPÓSITO PAGADO** .... **SALDO PAGADO** ....
MODELO UTILIZADO ....
MATERIAL NECESARIO ....

ESQUEMA / FOTO

NOTAS ADICAIONALES

....
....
....
....
....
....
....
....

Libro de proyectos de costura

Libro de proyectos de costura

DETALLES

PROYECTO ....
CREADO PARA ....
FECHA DE INICIO .... **FECHA DE FINALIZACIÓN** ....
PUNTO .... **CANTIDAD** ....
PRECIO .... **DEPÓSITO PAGADO** .... **SALDO PAGADO** ....
MODELO UTILIZADO ....
MATERIAL NECESARIO ....

ESQUEMA / FOTO

NOTAS ADICAIONALES

....
....
....
....
....
....
....

Rastreador de costura para llevar un registro de los proyectos de costura - regalo perfecto para los amantes de la costura

Rastreador de costura para llevar un registro de los proyectos de costura - regalo perfecto para los amantes de la costura

DETALLES

PROYECTO ....
CREADO PARA ....
FECHA DE INICIO .... **FECHA DE FINALIZACIÓN** ....
PUNTO .... **CANTIDAD** ....
PRECIO .... **DEPÓSITO PAGADO** .... **SALDO PAGADO** ....
MODELO UTILIZADO ....
MATERIAL NECESARIO ....

ESQUEMA / FOTO

NOTAS ADICAIONALES

....
....
....
....
....
....
....

Libro de proyectos de costura

Libro de proyectos de costura

DETALLES

PROYECTO ....
CREADO PARA ....
FECHA DE INICIO .... FECHA DE FINALIZACIÓN ....
PUNTO .... CANTIDAD ....
PRECIO .... DEPÓSITO PAGADO .... SALDO PAGADO ....
MODELO UTILIZADO ....
MATERIAL NECESARIO ....

ESQUEMA / FOTO

NOTAS ADICAIONALES

....
....
....
....
....
....
....

Rastreador de costura para llevar un registro de los proyectos de costura - regalo perfecto para los amantes de la costura

Rastreador de costura para llevar un registro de los proyectos de costura - regalo perfecto para los amantes de la costura

DETALLES

PROYECTO ....
CREADO PARA ....
FECHA DE INICIO .... **FECHA DE FINALIZACIÓN** ....
PUNTO .... **CANTIDAD** ....
PRECIO .... **DEPÓSITO PAGADO** .... **SALDO PAGADO** ....
MODELO UTILIZADO ....
MATERIAL NECESARIO ....

ESQUEMA / FOTO

NOTAS ADICAIONALES

....
....
....
....
....
....
....
....

Libro de proyectos de costura

Printed in the USA
CPSIA information can be obtained
at www.ICGtesting.com
LVHW010146081223
766022LV00008B/141

9 783986 088378